FACULTÉ DE DROIT DE PARIS.

THÈSE

POUR LE DOCTORAT.

L'ACTE PUBLIC SUR LES MATIÈRES CI-APRÈS, SERA SOUTENU [illegible]
26 MARS 1850, A TROIS HEURES,

PAR

M. ANTOINE [illegible], AVOCAT,

NÉ A ROMANS (DRÔME), LE 9 DÉCEMBRE 1826.

PROFESSEURS

Président MM. DUCAURROY,
DURANTON,
PELLAT, *Professeurs*
Suffragants PERREYVE,
FERRY, *Suppléant*

LE CANDIDAT RÉPONDRA EN OUTRE AUX QUESTIONS QUI LUI [illegible]
[illegible] MATIÈRES DE L'ENSEIGNEMENT.

PARIS.
IMPRIMERIE HENRI SIMON DAUTREVILLE ET C[illegible]
[illegible]
1850.

FACULTÉ DE DROIT DE PARIS.

THÈSE

POUR LE DOCTORAT.

L'ACTE PUBLIC SUR LES MATIÈRES CI-APRÈS, SERA SOUTENU, LE MARDI 26 MARS 1850, A TROIS HEURES,

PAR

M. ANTOINE-PAUL GIRAUD, AVOCAT,

NÉ A ROMANS (DRÔME), LE 9 DÉCEMBRE 1826.

PROFESSEURS :

Président :	MM. DUCAUROY,	*Professeurs.*
Suffragants :	DURANTON,	
	PELLAT,	
	PERREYVE,	
	FERRY,	*Suppléant.*

LE CANDIDAT RÉPONDRA EN OUTRE AUX QUESTIONS QUI LUI SERONT FAITES SUR LES AUTRES MATIÈRES DE L'ENSEIGNEMENT.

PARIS.

IMPRIMERIE HENRI SIMON DAUTREVILLE ET Ce,

RUE NEUVE-DES-BONS-ENFANTS, 3.

1850.

A MON PÈRE.

A MA MÈRE.

THÈSE DE DOCTORAT.

JUS ROMANUM

AD LEGEM FALCIDIAM. (DIG. T. XXXV, TITRE II.)

Istis legis duodecim tabularum verbis, uti legassit, ita jus esto, latissima potestas tributa fuit bona legatariis dandi et heredibus institutis erogandi. Legibus autem coarctata est legandi potestas : idque ipsorum testatorum gratiâ provisum est; ob id enim plerumque intestati moriebantur, recusantibus scriptis heredibus pro nullo aut minimo lucro hereditatem adire. Idcircò diversæ leges latæ fuerunt. Et primo lex furia quâ, exceptis quibusdam personis, cœteris plus quam mille asses legati nomine, mortisve causâ capere non permissum fuit. Postea lex voconia, per quam cautum est ne quis plus legato caperet, quàm heredes : sed istis legibus inutiliter latis, lex falcidia de quâ agitur.

Hâc lege non licet testatori plus legare quàm dodrantem : ita ut semper apud heredem heredes ve pars quarta bonorum remaneat. Lex falcidia de legatis tantum loquitur. Non poterat loqui de fideicommissis, quum tunc soli heredis pudori relinquerentur. Sed cum cœperint postea vim civilem habere et legatis adæquari, ad ea lex falcidia extensa est et per. S.-C. pegasianum eadem retentio permissa est in fideicommissariis hereditatibus et in singulis per fideicommissum relictis : hoc etiam cum heres ab intestato veniat. In mortis causâ donationibus et in donationibus inter virum et uxorem rescripto divi severi falcidia locum habuit, justinianusque eam porrexit ad omnem mortis causâ capionem.

Ut hæc lex locum habeat, non est distinguendum : quædam tamen legata et quædam personæ huic legi non sunt obnoxiæ, illud que suis in locis proponemus. Omnibus heredibus, non vero legatario et fideicommissario beneficium legis falcidiæ competit. Cum plures sunt heredes, in singulis heredibus componenda est ratio legis falcidiæ, ita etiam in singulis substitutis. Si tamen unus ex pluribus partibus scriptus sit heres, non in singulis partibus ratio falcidiæ initur, sed miscentur diversæ partes. Quando coheres in partem coheredis succedit, distinguendum est : si pars legatis non gravata parti oneratæ accedat, miscentur partes : contra autem non miscentur si pars onerata parti non gravatæ accedat : hoc est si ex jure accrescendi accessio fiat; secus si ex substitutione.

Ut appareat an quis plus legaverit quam licet, æstimanda sunt bona defuncti et ea quæ legata sunt. Videndum est igitur ea quæ in æstimationem veniunt, et quo modo falcidiæ ratio initur. Omnes res quæ heredi, titulo hereditatis relictæ sunt, et tempore mortis in hereditate constant, in ineundâ ratione legis falcidiæ computantur : neque solum res corporales, sed et actiones quas defunctus in hereditate relinquit : illæ scilicet quæ ad heredem transeunt : cæterum eatenùs actiones hereditariæ computantur, quatenus debitor solvendo est. De his vero quæ sub conditione debentur, quanti spes obligationis vænire potest, tantum stipulatoris bonis accedit, promissoris vero decedit. Aut melius cautionibus res explicari possunt.

In falcidià estimatio pretii rerum ex veritate facienda est, et in quantitate patrimonii exquirendâ mortis tempus spectandum est. Nec interest ad falcidiæ rationem an ex tempore mortis usque ad æstimationem res hereditariæ augeantur, vel minuantur : omne lucrum vel damnum heredi competit. Omnibus rebus computatis et æstimatis, deducuntur funeris impensa : æs alienum; non, sunt enim bona, nisi deducto ære alieno ; pretia servorum manumissorum : quod superest, ita dividi debet, ut hujus quadrans heredi, dodrans vero legatis et fideicommissis solvendis veniat.

Quadrante heredi servato, si dodrans qui superest, sufficiat ut omnia legata et fideicommissa solvantur, falcidia non habebit locum. Si non sufficiat, habebit : ea legata in dodrantem contribuunt, quæ utiliter relinquuntur, et æstimantur vero pretio res legatæ. De his quæ sub conditione relictæ sunt, cautionibus inter heredem et legatarium utendum erit. De his vero quæ in diem peti possunt, computandum est in bonis illud, de quo heres lucraturus est ex fructibus et usuris, donec dies obtingit. Circa quædam legata, quo modo æstimentur, digestorum exemplis apparebit.

Quum legata dodrantem excedunt, id quod plus dodrante est, detrahitur ipso jure ex legatis pro rata cujusque, et si quis legatarius totum petat, pluris petitione cadit actio. Heres ad consequendum quod falcidia detrahit, quartam retinere potest ex singulis legatis; si res legata individua est, tota ad legatarium pertinet, et peti potest ; sed legatario heres denuntiabit ut partem æstimationis inferat : si non inferat, exceptione doli mali repelletur. Si tota penes legatarium sit res legata, partem detractam potest heres vindicare. Quod si totum legatum tradiderit, conditionem indebiti habebit, dummodo per errorem facti solverit : sin autem per ignorantiam juris cessat repetitio.

In quibusdam casibus non locum habet falcidia : propter testatoris conditionem vel voluntatem : in testamento militis, et cum testator eam prohibuit. propter heredis causam : cum hoc quod retinere poterat spopondit se daturum vel post mortem testatoris beneficio falcidiæ renuntiavit, vel secundum jus novellarum inventarium non fecit.

Propter causam legati : si quædam ad pias causas relicta sunt : si libertas legatur vel dos, vel portio legitima.

DROIT FRANÇAIS.

DONATION ENTRE VIFS ET TESTAMENT.

(C. C. L. III, TITRE II, ART. 893 A 930 MOINS 896.)

La donation est une conséquence directe du droit de propriété. Le droit de propriété, dit l'art. 544, est le droit de jouir et de disposer des choses de la manière la plus absolue, pourvu qu'on n'en fasse pas un usage prohibé par les lois et les règlements. Que la disposition soit à titre gratuit ou à titre onéreux, peu importe : le propriétaire peut aliéner, et la donation n'est qu'une aliénation qui a pour cause l'intention de faire une libéralité. Toutefois, cette aliénation ne peut pas avoir lieu de toutes les manières et sous toutes les formes. Le droit civil a réglé les formes ainsi que les modes de disposition à titre gratuit. On ne pourra, dit l'art. 893, au début de notre matière, disposer de ses biens à titre gratuit, que par donation entre vifs ou par testament, dans les formes ci-après établies. Le droit romain et notre ancien droit admettaient trois formes de dispositions gratuites, les deux indiquées par le Code civil, et, en outre, la donation à cause de mort. Ce dernier mode avait des règles particulières et se rapprochait en même temps de la donation et du testament. La donation à cause de mort était révocable à la volonté du donateur; elle était caduque par le prédécès du donataire; les formes du testament ne lui étaient pas applicables. Enfin, toutes les causes de caducité des legs, entr'autres le défaut d'adition d'hérédité ne faisaient pas défaillir cette donation : ce mélange des diverses règles avait fait naître dans notre ancien droit des procès nombreux, et l'ordonnance de 1731 voulut couper court à toutes les difficultés. Dans l'art. 3 elle établit que les donations à cause de mort n'auront aucun effet à moins qu'elles ne soient faites dans la même forme que les testaments ou les codicilles; en sorte, dit cet article, qu'il n'y ait à l'avenir que deux formes de disposer à titre gratuit, dont l'une sera celle des donations entre vifs et l'autre celle des testaments; cette ordonnance, qui ne semblait prohiber que la forme, prohibait en réalité la donation à cause de mort: et c'est la règle qu'a suivie le Code en s'expliquant en termes plus explicites que l'ordonnance de 1731. Il faut remarquer que notre article 893 ne tend pas à défendre la donation manuelle, ni la donation déguisée sous un contrat à titre onéreux. Son but n'est que de défendre la donation à cause de mort; faudrait-il assimiler aux anciennes donations à cause de mort, celles qui sont faites pendant le mariage par l'un des conjoints à l'autre. Sous le rapport de la forme, il est certain que toutes les règles des donations entre vifs doivent être appliquées aux donations entre époux; mais, comme autrefois la donation à cause de mort, celle qui est faite par un époux à l'autre est révocable au gré du donateur et caduque par le prédécès du donataire; pour décider ainsi, on peut argumenter *a contrario* de l'art. 1092. La donation à cause de mort devait autrefois, comme celle faite entre vifs, être acceptée par le donataire. Seulement une acceptation tacite suffisait. Un legs accepté par le légataire ne serait pas nul. Cette acceptation inutile ne constituerait pas une donation à cause de mort, et il faut suivre ici la règle, *utile per inutile non viciatur*. Mais, pour que ce legs fût valable, il ne faudrait pas que l'acceptation eût été écrite de la main du légataire dans un testament olographe ; car, d'après l'art. 970, le testament serait nul.

La donation entre vifs est un contrat solennel par lequel le donateur se dépouille actuellement et irrévocablement de la chose donnée en faveur du donataire qui l'accepte. Nous disons un contrat et non pas un acte, comme il est écrit en l'art. 894. Tout le monde sait que ce fut sur les observations du premier consul que le mot acte fut substitué au mot contrat. L'art. 1105 admettant les contrats de bienfaisance, la raison pour laquelle eut lieu cette substitution s'évanouit. Ce changement est important pour la décision d'une question vivement controversée, à savoir : si le donataire avec charges peut, en renonçant à la donation, s'affranchir de l'obligation de payer ces charges, ou si le donateur n'a qu'un droit en cas d'inexécution, le droit de révocation accordé par l'art. 953. La donation faite avec charges est quelque chose de mixte, comme disaient les Romains : *Donatio quædam cum negotio mixta ;* et il faut, je crois, décider que le donataire ne peut pas renoncer, et que l'art. 1184 peut être invoqué par le donateur comme dans les contrats ordinaires. Si l'on admet que la donation soit un contrat, elle doit être soumise, en outre des règles qui lui sont propres, aux dispositions générales portées au titre des obligations ; et il existe, à l'appui de cette opinion, des arguments de texte qui nous paraissent très forts. Lorsqu'il s'agit d'une donation faite à un mineur, l'art. 463 nous dit qu'acceptée régulièrement, elle aura, à l'égard du mineur, le même effet qu'à l'égard du majeur. Or, de quel effet a voulu parler la loi ? Ce n'est pas évidemment de l'acquisition de propriétés ni de créances, du bénéfice, enfin, résultant de la donation ; cette idée n'avait pas besoin d'être indiquée ; elle a voulu parler des obligations qui se trouveraient jointes à une donation faite à un mineur, et elle décide qu'en cas d'acceptation régulière, l'art. 1305 est inapplicable, et que le mineur ne peut se faire restituer lors même que l'obligation le léserait. Or, si tout donataire pouvait se dispenser d'exécuter les charges en renonçant à la donation, quel serait le sens des termes de l'art. 463 (1)?

La donation est un contrat par lequel le donateur se dépouille actuellement. Il ne faut pas prendre ces mots à la lettre, car ils signifieraient que le donateur doit immédiatement faire tradition de la chose donnée, et qu'une donation à terme ne serait pas valable. Ces mots ont été mis en opposition avec ceux qui définissent le testament ; ils ne veulent donc pas dire que la transmission de propriété doit être actuelle; il suffit que le donateur soit lié; si la chose est donnée à terme, pourvu qu'il y ait obligation actuelle et action pour le donataire, cela suffit : *Id apud se habere videtur, de quo habet actionem.* Ainsi, la donation d'une somme payable au décès du donateur est parfaitement valable ; ce n'est qu'un terme apposé à la créance. Le droit est actuel, et peut être vendu par le donataire; il passe à ses héritiers. Enfin, le donataire viendra, au décès, en concours avec tous les autres créanciers, et aura, comme eux, une action contre les héritiers du donateur.

Il faut que le dépouillement soit irrévocable. Est-ce à dire qu'une donation ne pourra jamais être faite sous une condition, soit suspensive soit résolutoire. En le décidant ainsi, nous serions contredit immédiatement par l'art. 900, qui admet bien la possibilité d'une condition, puisqu'il déclare non écrites celles qui sont impossibles physiquement ou moralement. Quel est donc le sens de ces termes? C'est l'application de l'ancienne règle : donner et retenir ne vaut; on ne pouvait donner sous des conditions dépendantes de la volonté du donateur. Pour comprendre cette règle, il faut savoir que notre ancien droit voyait avec défaveur les donations, qui enlevaient les biens aux familles et contrariaient ainsi le système politique, qui tendait, au contraire, à la concentration d'un même patrimoine sur

(1) Voyez sur ce sujet une dissertation de M. Ferry, *Revue de Droit français et étranger*, 1843.

une seule tête. Il n'était permis, dans l'ancien droit, de disposer par testament, que d'un cinquième de ses propres, tandis que, par donation, on pouvait disposer de la totalité. S'il eût été permis alors de faire une donation dépendant de la seule volonté du donateur, on comprend facilement que sous le nom de donation entre vifs on eût trouvé en réalité une véritable disposition à cause de mort, et que la règle sur les réserves coutumières eût été ainsi éludée. Mais, sous l'empire du Code où la réserve est la même pour les deux modes de dispositions, cette raison ne subsistait plus et le Code ne l'a conservée que par souvenir de l'ancien principe. On ne peut donc faire une donation qui comprenne des biens à venir, sous la condition d'acquitter d'autres dettes ou charges que celles qui existaient à l'époque de la donation, ou qui seraient exprimées dans l'acte : le donataire ne peut se réserver la liberté de disposer d'un effet compris dans la donation : enfin, la donation n'est pas valable lorsqu'elle est faite sous des conditions dont l'exécution dépend de la seule volonté du donateur, art. 943, 944, 945, 946. Mais ici se présente une question : les conditions sont de plusieurs sortes, elles sont casuelles, potestatives ou mixtes; elles sont mixtes lorsque l'évènement dépend du hasard et de la volonté de l'obligé : la règle que nous expliquons en ce moment est-elle seulement une application de l'art. 1174 du Code civil, qui ne défend que les conditions purement potestatives de la part de l'obligé, ou bien l'art. 944 a-t-il pour but de défendre les conditions potestatives mixtes? la question est controversée. Comme la règle a été prise dans l'ancien droit, qu'on y prohibait même ces conditions dépendant de la volonté et du hasard; comme, dans plusieurs circonstances, la loi voit les donations de mauvais œil, je pense que l'art. 944 déroge à l'art. 1174. D'après cela, si l'on demande quel est le sort de la donation d'une somme à prendre sur les biens que laissera le donateur, comme il n'y a de bien que dettes payées et que le donateur peut faire autant de dettes qu'il lui plaît, je crois que c'est là une donation faite sous une condition potestative qui ne doit pas valoir, à moins cependant qu'il ne résulte de l'intention du donateur, que ces mots : sommes à prendre, ne signifient sommes payables au décès, en un mot, indiquent plutôt terme que condition ; il faut que le donataire accepte, et l'acceptation doit être faite en termes exprès, art. 932.

Le testament est un acte par lequel le testateur dispose, pour le temps où il n'existera plus, de tout ou partie de ses biens, et qu'il peut révoquer (895). C'est un acte, car c'est l'œuvre de sa seule volonté; il dispose pour le temps où il n'existera plus, et il peut révoquer, caractères opposés à ceux de la donation, dans laquelle nous avons vu exigé un dépouillement actuel et irrévocable. Ainsi, le testateur n'est aucunement lié, il ne donne même pas un droit conditionnel. Le testament ne produit, à l'égard du légataire, qu'une simple espérance de fait; ainsi, il ne pourrait ni vendre ni céder son droit, ce serait pactiser sur une succession future ; il ne peut le transmettre à ses héritiers, il ne peut faire aucun acte conservatoire. Lorsque, dans l'art. 895, on a dit que le testateur pouvait disposer de partie de ses biens, on a voulu indiquer la différence qui existe entre le testament romain et le testament français. En droit romain, le testateur ne pouvait disposer de partie de ses biens, ne pouvait mourir partie *testat* et partie *intestat*. On suivait la règle *nemo pro parte heres*, parce que, par le testament, on se donnait un représentant de la personne. Chez nous, il n'y a plus que des codicilles, et la règle romaine est inapplicable. On peut apposer aux dispositions entre vifs et testamentaires certaines conditions. Il est de principe, en matière de contrat, que la condition de faire une chose impossible ou contraire aux lois et aux bonnes mœurs est nulle, et rend nulle la convention qui en dépend. Au contraire, dans les donations entre vifs et dans les testaments, les conditions dont nous venons de parler sont réputées non écrites : *Viciantur et non vitiant.* En droit romain, cette règle n'avait été appliquée qu'au testament ; on avait considéré qu'un testateur, troublé peut-être par l'approche de la mort, n'avait pas compris la nature de la condition imposée, et qu'il n'était pas probable qu'il l'eût mise s'il en eût aperçu le véritable sens. Comme c'était une faculté précieuse d'avoir un testament, on ne trouvait pas dans la condition impossible une raison suffisante pour faire croire à une œuvre non sérieuse. Il en était autrement en matière de contrat, et il faut croire que les raisons données pour expliquer cette différence, n'étaient pas bien solides ; car nous voyons Gaius lui-même nous dire : *Et sane vix idonea diversitatis ratio reddi potest.* Les rédacteurs du Code civil ont, au contraire, étendu la disposition romaine et l'ont appliquée, non-seulement aux testaments, mais encore aux donations. Il faut cependant se tenir en garde et bien distinguer si la condition illicite est la seule cause de la disposition, ou bien si cette condition n'est qu'un mode, et si la cause ne peut pas se trouver ailleurs, par exemple, dans l'affection. Toutes les conditions illicites ne sont pas réputées non écrites. Ainsi, la substitution prohibée est une donation sous condition de conserver et de rendre : cette condition est nulle et entraîne la nullité du legs ou de la donation. Nous n'entrerons pas, à cet égard, dans des développements, l'art. 896 est hors de notre matière ; mais il ne faut pas confondre la substitution fidéi-commissaire avec la substitution vulgaire : celle-ci est très valable, comme nous le dit l'art. 898. La disposition par laquelle l'usufruit est donné à l'un et la nue-propriété à l'autre, n'est pas non plus une substitution prohibée. En effet, il y a là deux libéralités distinctes ; il n'y a pas deux personnes successivement appelées à une même chose. Il est vrai que les règles de l'usufruit feront qu'il se joindra, au bout d'un certain temps, à la propriété ; mais il n'en faut pas moins que toutes les conditions de capacité se trouvent chez chacun des donataires, tandis que, dans la substitution, on confère un droit à des personnes qui ne sont peut-être pas conçues.

Nous passons à la capacité de disposer ou de recevoir. Il est une règle générale, c'est que, pour faire un acte quelconque valable, il faut une manifestation de volonté, un consentement valable. Cette règle est répétée dans l'art. 901 du Code civil : pour faire une donation entre vifs ou un testament, il faut être sain d'esprit. Cet article n'a-t-il voulu dire que ce qui résultait déjà des principes généraux ou bien son but a-t-il été de déroger à quelque disposition déjà écrite dans le Code. Nous croyons que l'art. 901 a entendu déroger à la règle portée dans l'art. 504. Suivant l'art. 504, les actes d'une personne morte ne pourront être attaqués pour cause de démence, qu'autant que son interdiction aurait été prononcée ou provoquée avant son décès, à moins que la preuve de la démence ne résulte de l'acte même qui est attaqué. Il en sera autrement pour les donations ou testaments : les héritiers du donateur ou du testateur en état habituel de démence, fureur ou imbécillité, pourront attaquer les actes gratuits lors même qu'ils n'auront ni fait prononcer ni provoqué l'interdiction. Pour soutenir cette opinion, nous nous appuyerons sur un retranchement fait au conseil d'État : un membre de phrase suivait l'art. 901, et ajoutait que le testament et la donation seraient attaqués suivant le mode prescrit par l'art. 504. Cette phrase fut critiquée et enfin retranchée. Il était donc évident que l'on voulait déroger à la règle portée au titre de l'interdiction. Du reste, on peut comprendre cette dérogation ; la personne atteinte de démence peut avoir fait un testament que ne connaissent nullement les héritiers, et ceux-ci n'étant avertis, par aucun acte extérieur, du mauvais emploi que fait leur auteur de ses biens, peuvent parfaitement, par délicatesse de famille, reculer devant une demande en interdiction. Notre Code admet-il la nullité des donations faites *ab irato* ou par captation et suggestion. Dans l'ancien droit, ces nullités étaient admises. Le projet du Code portait une disposition qui ne permettait d'annuler les actes gratuits que pour les causes déjà énoncées. On voulait ainsi prévenir les procès ;

mais on sentit que c'était aller trop loin et favoriser la cupidité. Les tribunaux peuvent annuler une donation faite sous l'empire de la captation, en regardant le donateur comme hors d'état de manifester librement sa volonté. Toutes personnes, dit l'art. 902, peuvent disposer et recevoir, soit par donation entre vifs, soit par testament, excepté celles que la loi en déclare incapables. Ainsi, la capacité est la règle générale; l'incapacité, au contraire, n'est qu'une exception; aussi le Code ne s'occupe-t-il que des incapacités de disposer et de recevoir, et c'est avec lui la marche que nous suivrons. Ne peut aucunement disposer par donation et par testament, le mort civilement: il ne peut, dit l'art. 25, disposer de ses biens, soit par acte entre vifs, soit par testament; c'est là une incapacité absolue; il ne pourrait même pas faire des donations manuelles. Je sais que la preuve de ces donations sera très difficile; mais cela n'est pas une raison suffisante pour les permettre, car alors il faudrait les permettre à tous les incapables, aux mineurs, aux femmes mariées, etc. Quant au testament fait avant la mort civile, il ne produit pas d'effet; non que le condamné à la mort naturelle meure incapable de transmettre par l'effet de la mort civile; mais la loi n'a pas voulu sanctionner les dernières volontés d'un homme qui avait commis un crime, et cette incapacité de transmettre est une aggravation de peine. Quant aux donations faites avant la mort civile, elles sont parfaitement valables; il en est de même des donations de biens à venir qui seraient faites dans un contrat de mariage. Le condamné à une peine emportant mort civile, peut s'être évadé avant l'exécution de la peine; il est alors en état de contumace, et il faut examiner quel sera le sort de la donation ou du testament qu'il fera dans cet état. Si le contumace laisse passer les cinq ans pendant lesquels il peut se représenter, évidemment les actes faits par lui dans cet intervalle n'ont aucun effet; mais s'il meurt dans les cinq ans, il y a discussion sur le point de savoir si le testament fait par lui sera valable; pour la négative, on dit que le contumace est privé de l'exercice de ses droits, et comme il est nécessaire d'avoir cet exercice au moment de la donation du testament, il en résulte que ces actes ne sont pas valables. Nous répondrons à cet argument par l'art. 31 du Code civil, qui dit que le contumace est réputé mort dans l'intégrité de ses droits. Il y a donc, pour ainsi dire, un effet rétroactif qui fait considérer le contumace comme n'ayant jamais perdu l'exercice de ses droits; autrement, la fiction de l'art. 31 n'aurait pas d'effet, et quand même l'on voudrait expliquer historiquement les termes dont nous parlons, la mort civile n'est pas assez favorable pour qu'on ne puisse admettre une interprétation qui cadre parfaitement avec le texte de l'article, tel qu'il a été maintenu.

Les personnes dont l'interdiction a été prononcée, ne peuvent ni faire une donation, ni faire un testament, tant qu'il n'y a pas eu mainlevée. Il suffirait donc, pour faire tomber ces actes, de rapporter le jugement d'interdiction. Quant aux actes faits antérieurement à l'interdiction, ils peuvent être annulés si l'on prouve que le disposant n'était pas sain d'esprit. Les prodigues auxquels il a été nommé un conseil judiciaire ne peuvent aliéner leurs biens sans l'assistance de ce conseil; par conséquent, ils ne peuvent faire de donation sans la même assistance : mais il leur est permis de faire seuls leur testament. Le mineur, âgé de moins de seize ans, ne peut disposer, ni par acte entre vifs, ni par testament; il est cependant un cas où la donation est permise au mineur de seize ans; c'est celle faite dans son contrat de mariage avec l'assistance des parents, dont le consentement est requis. C'est une conséquence de la règle, *habilis ad nuptias, habilis ad pacta nuptialia*; le mineur parvenu à l'âge de seize ans, c'est-à-dire qui a seize ans révolus, ne peut encore disposer par donation, mais il peut cependant disposer par testament de la moitié des biens que la loi permet au majeur de donner. Ainsi, c'est la moitié de la quotité disponible que peut léguer le mineur; on a permis le testament au mineur et non pas la donation, et cela se comprend;

par testament, le mineur ne se prive de rien, il prive peut-être ses héritiers, mais enfin lui-même est protégé contre une générosité trop facile. Les femmes mariées ne peuvent donner entre vifs sans l'assistance ou le consentement de leur mari, ou bien l'autorisation de justice, et cela, sous quelque régime qu'elles soient mariées ; quoique, sous le régime de la séparation de biens, la femme puisse aliéner son mobilier, elle ne peut cependant le donner ; les bonnes mœurs sont intéressées à cette prohibition, et le respect de la puissance maritale exige cette autorisation. La justice peut aussi autoriser la femme à donner, et cela était utile pour vaincre quelquefois le mauvais vouloir du mari à l'égard d'enfants d'un premier lit. Mais il y aura toujours cette différence entre le cas d'autorisation du mari et celui d'autorisation de justice, que, dans ce dernier, la femme ne pourra donner que la nue-propriété, et sera forcée de réserver la jouissance à son mari ou à la communauté ; cela résulte des principes établis au titre du contrat de mariage. Quant au testament, la femme peut le faire sans aucune autorisation ; c'est un acte qui ne produira d'effet qu'au moment où le mariage se dissoudra, et qui n'atteint en rien la puissance maritale.

Nous passons à l'incapacité relative de disposer : le mineur même âgé de seize ans, ne peut, par testament, disposer au profit de son tuteur ; l'ex-mineur ne peut disposer, soit par donation entre vifs, soit par testament, au profit de celui qui aura été son tuteur, tant que le compte définitif de la tutelle n'aura été préalablement rendu et apuré. On a voulu prévenir l'influence du tuteur ou de l'ex-tuteur. Ces incapacités ne doivent pas s'étendre, et, en conséquence, le subrogé-tuteur n'est pas compris dans la règle portée en l'art. 907. Dès que le compte aura été rendu et apuré, cette incapacité relative de disposer pour l'ex-mineur, de recevoir pour l'ex-tuteur, cesse, et peu importe qu'un reliquat soit dû, il ne faut pas même appliquer l'art. 472 et exiger la remise des pièces justificatives dix jours au moins avant la donation intervenue entre le tuteur et le mineur devenu majeur. Cet article n'est applicable qu'à la convention par laquelle le tuteur se fait faire remise de l'obligation de rendre compte, et le mot traité, écrit dans l'article, semble bien l'indiquer ; ce n'est pas l'expression dont se sert ordinairement la loi pour qualifier les conventions. Cette incapacité cesse lorsque les tuteurs sont des ascendants ; l'influence, dans ce cas, n'est plus à craindre. Nous ne nous occupons pas de l'incapacité dont étaient frappés les étrangers en France avant la loi du 14 juillet 1819. Seulement on peut dire qu'ils n'étaient frappés que d'une incapacité de recevoir, et pour transmettre, aucune prohibition n'existant, on rentrait sous la règle générale de l'art. 902. Les morts civilement ne peuvent pas plus recevoir par donation ou testament qu'ils ne peuvent transmettre, si ce n'est cependant, dit l'art. 25, qu'ils peuvent recevoir à titre d'aliments. Quant aux communes, aux hospices, aux établissements d'utilité publique, il faut, pour que la donation qui leur est faite ait un effet, qu'elle soit autorisée par le gouvernement.

Les enfants naturels, dit l'art. 908, ne pourront, par donations entre vifs ou par testaments, rien recevoir au-delà de ce qui leur est accordé au titre des successions. C'est plutôt là un cas d'indisponibilité que d'incapacité ; car ce n'est qu'au décès, et suivant la qualité des héritiers que laissera le donateur, que l'on pourra savoir si l'art. 908 a été violé ou non. Ce n'est que dans les rapports de l'enfant naturel avec ses parents qu'est établie la prohibition ; mais, pour cela, il faut que la parenté soit reconnue légalement. Ainsi, le père qui n'aura pas reconnu son enfant naturel, pourra, malgré l'article 908, lui donner toute sa fortune, au cas où il ne laisserait pas d'héritier réservataire. La recherche de la paternité étant interdite aussi bien pour l'enfant que pour lui, on ne pourra pas faire tomber la disposition. Pour la mère naturelle, il pourrait en être autrement. La recherche de la maternité est permise lorsqu'il existe un commencement de preuve par écrit. Dans l'ancien droit, il existait une incapacité de recevoir entre les concubins, cette incapacité n'a pas été maintenue par le Code; il est certain que si le père et la mère naturels ont tous les deux reconnu leur enfant, le père ne pourra pas donner à sa concubine plus que ne le permet l'art. 908; mais ce sera un effet de la présomption d'interposition, et pour cela il faudra que l'enfant naturel vive encore. Quant aux enfants incestueux et adultérins, ils n'ont jamais droit qu'à des aliments.

D'après l'art 909, les docteurs en médecine, les officiers de santé, les pharmaciens qui auront traité une personne pendant la maladie dont elle meurt, ne pourront profiter des dispositions entre vifs et testamentaires qu'elle aurait faites en leur faveur pendant le cours de cette maladie; il en est de même du ministre du culte; l'énumération de l'art. 909 n'est qu'énonciative, et, par conséquent, on peut comprendre dans la prohibition : les sages-femmes, les charlatans; il faut, bien entendu, qu'on ait traité le malade, entrepris sa guérison, été à même, enfin, d'acquérir sur son esprit une domination; c'est sur cette présomption de défaut de liberté que se fonde la prohibition. Il faut remarquer que, pour le testament, la loi est très rationnelle; si celui qui a testé au profit de son médecin revient à la santé, comme la disposition est toujours révocable, s'il croit avoir été capté, il y a un moyen bien simple de la réduire à néant. Mais, pour la donation, il n'en est pas ainsi, de sorte qu'il arrive ce résultat assez singulier, que si le malade meurt, la donation n'est pas valable, tandis que s'il revient à la santé, elle est irrévocable comme les donations ordinaires; dans l'ancien droit, ces donations étaient toujours considérées comme des donations à cause de mort, et comme telles révocables. L'inconvénient disparaissait. Dans l'état actuel du droit, le donateur revenu à la santé n'aura que la ressource d'attaquer sa donation comme faite par captation. Que faudrait-il décider de la donation faite par une femme malade à son mari médecin? L'art. 212 impose au mari l'obligation de secourir et d'assister sa femme; ne serait-il pas étonnant que, pour avoir rempli son devoir, le mari fût frappé d'une incapacité?

La loi n'a pas défendu à un malade de récompenser son médecin des soins qu'il lui donne; aussi a-t-elle permis des dispositions rémunératoires faites à titre particulier : elle permet même les dispositions à titre universel, lorsque le médecin ou le ministre du culte est parent du défunt, jusqu'au quatrième degré exclusivement. Ainsi, un cousin-germain pourrait recevoir de cette manière de son cousin; elle les permet encore lorsque celui qui profite de la disposition est parent en ligne directe, pourvu que s'il y a des héritiers dans cette ligne, il soit au nombre de ces héritiers. Faut-il prendre ces mots à la lettre, et déclarer que le grand-père d'un *de cujus* laissant des fils, ne pourra pas recevoir des mains du défunt. J'inclinerais à croire que la loi n'a pas attaché une importance extrême à ce mot : héritiers ; dans beaucoup d'autres articles, elle prend ce mot comme synonyme de celui de successible ou parent, et je crois que le parent en ligne directe peut toujours se soustraire à l'effet de la prohibition de l'art. 909. Il faut une sanction à ces dispositions de la loi, et, toutes les fois qu'il sera prouvé que la disposition faite à un tiers, l'est en réalité à l'incapable, cette disposition ne vaudra pas; mais cette preuve d'interposition de fait devra être fournie par ceux qui attaquent la disposition, et elle sera ordinairement fort difficile; aussi, dans certains cas et pour certaines personnes, l'interposition est présumée; ces personnes réputées interposées, sont les père et mère, les enfants et descendants, et l'époux de l'incapable. Toutes les fois qu'une donation aura été faite à ces personnes, aucune preuve n'est à faire; une présomption invincible est établie, et la donation tombe. La disposition au profit d'un incapable peut également être déguisée sous la forme d'un contrat à titre onéreux, dans ce cas, elle est nulle; mais, jusqu'à preuve contraire, l'acte est tenu pour onéreux, et c'est à celui qui attaque à prouver ce qu'il avance. La disposition déguisée, ou faite à personne interposée, n'est pas nulle absolument, mais elle est simplement réductible. Sur cet article 911 s'est élevée une grave question : On s'est demandé si la donation, déguisée sous la forme d'un contrat onéreux, est valable lorsqu'elle a été faite à une personne capable. La question a de l'importance; car c'est affranchir indirectement les donations des formes si nombreuses qui leur sont imposées. La jurisprudence s'est prononcée pour la validité, et, pour décider ainsi, elle argumente de l'art. 911 *a contrario.*

Pour être capable de recevoir entre vifs, dit l'art. 906, il suffit d'être conçu au moment de la donation ; pour être capable de recevoir par testament, il suffit d'être conçu à l'époque du décès du testateur. Nous avons vu que la capacité était la règle générale ; mais à quel moment doit exister cette capacité, soit de recevoir, soit de disposer? Le Code, dans l'art. 906, ne s'occupe que du légataire et du donataire. Nous commencerons par nous occuper de la capacité des deux parties en cas de testament. Il y a deux choses qu'il faut considérer: la jouissance des droits et l'exercice, la capacité de droit et la capacité de fait. La capacité de droit et celle de fait, doivent se trouver réunies chez le testateur au moment où il teste; il suffit de pouvoir transmettre, c'est-à-dire d'avoir la capacité de droit, au moment où il meurt.

L'étendue de la capacité de droit est fixée, par la loi en vigueur, au moment où le testament a été fait. Ainsi le majeur qui, ayant testé en minorité, mourrait sans refaire son testament, ne laisserait à son légataire universel que la quotité dont parle l'art. 904. Le légataire doit être capable de recevoir au moment où son droit s'ouvre, c'est-à-dire au moment du décès, ceci dans les legs purs et simples. En droit romain il en était autrement, on exigeait la capacité au moment de la confection du testament et au moment de la mort, et cela par application de la règle catonienne ; dans les legs conditionnels, au contraire, la règle catonienne ne s'appliquant pas, on n'avait égard, pour la capacité, qu'à l'époque de l'avènement de la condition. Chez nous, l'art. 906 ne distingue pas, et je crois qu'il faut, en cas de legs conditionnel, être capable au moment de l'avènement de la condition et au moment de la mort; car, à ce moment, le légataire acquiert quelque chose; son droit change de nature, puisqu'il peut le vendre, le céder et faire des actes conservatoires. Pourvu qu'aux époques fixées le disposant soit capable de transmettre, celui qui recueille capable de recevoir, le changement d'état est indifférent : *Me dia tempora non nocent.*

Le donateur doit avoir la capacité de droit et celle de fait au moment de la donation. Le donataire doit être capable à ce même moment. Il faut donc savoir, pour apprécier la capacité, à quel moment la donation est parfaite; si la volonté du donateur et celle du donataire se trouvent concomitantes, que la disposition soit pure et simple ou conditionnelle, peu importe; il n'y a qu'une époque à considérer, celle où s'opère la transmission des droits; mais il se peut que l'offre de donation et l'acceptation ne se rencontrent pas dans le même acte. Une question grave alors est de savoir si la donation n'est parfaite que par l'acceptation notifiée. Si l'on décide que la donation est parfaite par la seule acceptation, il faudra bien exiger la capacité du donateur au moment de l'offre et de l'acceptation; mais cette capacité ne sera plus nécessaire au moment de la notification : ainsi celle-ci serait valablement faite à un donateur mort civilement depuis l'acceptation. La donation n'est pas un contrat qui se forme par le seul consentement; il faut, pour qu'elle soit parfaite, que toutes les formes exigées par la loi aient été observées; et nous voyons, dans l'art. 932, que la notification est une de ces formes exigées pour donner la force civile à la disposition. La donation, dit cet article, lorsque l'acceptation a été faite dans un acte postérieur, n'aura d'effet, à l'égard du donateur, que du jour où l'acte qui constatera cette acceptation, lui aura été notifié. Ainsi, jusque-là, le donateur est resté maître de disposer du bien offert comme il l'entendrait. La transmission du droit ne s'opère qu'à cette époque, et alors il faut bien que le donateur soit capable. Il n'est pas nécessaire que le donataire ait la capacité au moment de l'offre; mais, au moment de l'acceptation, cette capacité est nécessaire de même qu'à celui de la notification, comme nous venons de le décider. Il en résulte que les héritiers du donataire ne pourraient notifier cette acceptation.

De la portion disponible.

Nous arrivons, après avoir traité des règles de la capacité, à celles qui sont relatives à la réserve. La réserve est la portion de l'hérédité qui n'est pas disponible et qui revient forcément à certains héritiers. La loi n'a pas voulu que le père de famille pût enlever à ses enfants toutes ressources; elle n'a pas voulu non plus que les enfants manquassent aux devoirs de reconnaissance qui leur sont imposés envers leurs ascendants et pussent les dépouiller entièrement. La loi ne fixe pas directement la réserve : c'est en déterminant la quotité qui sera disponible dans tel ou tel cas, que l'on arrive, par voie de conséquence, à déterminer la réserve. Cette réserve est établie en faveur des enfants et des ascendants. L'art. 913 fixe la réserve attribuée aux enfants du défunt. Lorsque le défunt ne laisse qu'un enfant, la réserve est de moitié; lorsqu'il en laisse deux, elle est des deux tiers; trois, enfin, ou un plus grand nombre, elle est des trois quarts. Ainsi, en présence de trois enfants, le défunt n'aura pu donner ou léguer que le quart de ses biens. Il existe cependant, à cette règle, une exception dans l'art. 1094, en faveur de l'époux donataire qui pourra, dans ce cas, outre le quart en propriété, avoir encore le quart en usufruit; mais la quotité disponible fixée par l'art. 1094, l'est-elle d'une manière absolue? ou bien, n'est-ce qu'une faveur accordée à l'époux, et rentre-t-on dans le droit commun de l'art. 913 lorsque la quotité de cet article est supérieure à celle de l'art. 1094? Sur cette question controversée, je crois que l'art. 1094 n'est qu'une faculté accordée à l'époux. Je m'appuie sur les termes de l'article, qui, au lieu d'indiquer une restriction, semblent apporter une faveur. « L'époux pourra, » dit l'art. 1094 ; et si l'on objecte que la loi a voulu défendre plus rigoureusement ce qui pouvait se faire plus facilement, nous répondrons que, dans l'ensemble de ses dispositions, elle voit, au contraire, les donations entre époux d'un œil plus favorable que les autres, car elle ne leur applique pas certaines dispositions rigoureuses introduites par elle. Le mot enfant, dans l'art. 913, comprend les descendants en quelque degré que ce soit; « néanmoins, dit l'art. 914, ces descendants ne sont comptés que pour l'enfant qu'ils représentent dans la succession du disposant. » Lorsque les petits-enfants d'un fils prédécédé viendront par représentation, il est bien certain qu'ils ne prendront que la réserve attribuée au représenté; mais en serait-il ainsi lorsque les petits-enfants viennent de leur chef, par exemple, lorsque leur père est renonçant ou indigne? Faut-il, dans ce cas, calculer la quotité disponible eu égard au nombre des petits-enfants ou bien eu égard seulement à la personne dont ces petits-enfants descendent? Nous croyons que le disponible ne peut pas ainsi varier en raison d'une cause accidentelle. Ces mots, « pour l'enfant qu'ils représentent, » signifient « pour l'enfant dont ils sont issus; » et si l'on admettait qu'ils ont le même sens que dans l'art. 739, il faudrait décider que lorsque les petits-enfants ne viennent pas par représentation, ils n'ont droit à aucune réserve, ce qui est impossible. On comprend, du reste, combien la fraude serait facile, il suffirait d'une renonciation pour augmenter ainsi, à volonté, la réserve. Non-seulement les enfants légitimes ont droit à une réserve, mais même les enfants légitimés et adoptifs; car, d'après les art. 333 et 350, ils ont les mêmes droits que les enfants légitimes. Il y a plus de difficulté pour les enfants naturels;

cependant on leur accorde généralement une réserve sur les biens de leurs père et mère. En effet, d'après l'art. 757, ils ont droit soit au tiers, aux trois quarts ou à la moitié de ce qu'ils auraient eu s'ils avaient été légitimes. Par conséquent, les droits des enfants légitimes sont, pour ceux des enfants naturels, un type dont ils suivent le sort; il faut donc leur attribuer soit le tiers, la moitié ou les trois quarts de la réserve à laquelle ils auraient eu droit s'ils avaient été légitimes. En outre, dans l'art. 761, on voit que toute réclamation ne leur est interdite que lorsqu'ils ont reçu, du vivant de leur père, la moitié de ce qui leur est attribué; il résulte de là que le père naturel ne peut enlever à son enfant la totalité de ses biens, et que celui-ci, dans le cas où il n'a rien reçu, peut réclamer : c'est donc qu'il a droit à une réserve, et que la libre disposition n'est pas permise en présence d'un enfant naturel.

Suffit-il d'avoir la qualité d'enfant pour avoir droit à la réserve, ou bien faut-il en outre être héritier. Je crois que pour être réservataire il faut d'abord se porter héritier. La réserve est une portion de l'hérédité qui n'est pas disponible. C'est ce qui résulte de l'ensemble des dispositions de la loi. Il n'y a pas certains biens attribués spécialement à telle ou telle personne. La loi prend l'hérédité comme une masse dans laquelle elle fixe une partie disponible et une autre indisponible. Mais c'est toujours une même masse, et pour avoir droit à la partie indisponible il faut avoir droit à l'hérédité, c'est-à-dire se porter héritier. Dans l'art. 915, la loi suppose une réserve au profit des ascendants et elle décide que cette réserve sera recueillie par eux dans l'ordre où la loi les appelle à succéder; s'ils ne viennent pas à la succession, ils ne sont plus réservataires. Ainsi, il faudra dire que les enfants qui sont indignes ou renonçants n'ont pas droit à la réserve. La jurisprudence, depuis quelques années, a adopté le système contraire (1). L'enfant qui

(1) Voyez, sur ce sujet, une dissertation de M. E. Lagrange, *Revue de Droit français et étranger*, vol. 1844.

renonce n'a pas droit à la réserve ; mais faut-il le compter pour le calcul de cette réserve ? Il semble que la décision négative de la première question doive faire admettre la négative pour la seconde : en effet, si l'enfant renonçant n'a pas droit à une réserve, il en doit être à son égard comme s'il était mort avant le *de cujus* ; et lorsque l'art. 913 décide que pour le montant de la quotité disponible il faut examiner le nombre d'enfants laissés par le défunt, ce mot laisser ne comprend pas tous les enfants existants, mais ceux laissés héritiers ; c'est ainsi qu'on interprète le même mot dans l'art. 757 ; dira-t-on que la part du renonçant dans la réserve accroît à ses cohéritiers conformément à l'art. 786. La règle de l'art. 786 signifie que la renonciation profite à ceux à qui la présence du renonçant nuisait, et l'art. 786 n'est pas applicable ici, car il dit aussi que la part est dévolue au degré subséquent, et on arriverait, en suivant ce système jusqu'au bout, à accorder une réserve à ceux qui n'y ont aucun droit.

Les ascendants ont droit à une réserve, elle est fixée à la moitié des biens, si, à défaut d'enfant, le défunt laisse un ou plusieurs ascendants dans chaque ligne ; s'il n'existe d'ascendants que dans une ligne, la réserve n'est plus que du quart, et encore l'usufruit de ce quart peut être enlevé si le donataire est un époux, art. 1094. Les ascendants naturels tels que les père et mère naturels ont droit à cette réserve, ils sont appelés à la succession *ab intestat* de leur enfant naturel, et, puisque nous avons accordé à ceux-ci une réserve sur les biens de leurs père et mère, il est juste, par réciprocité, de donner au père naturel le même droit. Les pères adoptifs n'ont pas droit à la réserve, ils peuvent reprendre les biens qui viennent d'eux s'ils se retrouvent en nature ; mais c'est là le seul droit que leur accorde l'article 351. Un ascendant donateur peut être appelé à la succession de son donataire ; mais il ne pourra prendre sa réserve sur les biens qu'il avait donnés et qui ont été légués par le défunt ; ils ne sont plus dans la succession, et l'art.

747 n'accorde de droits sur ces biens que s'ils se trouvent en nature dans la succession. Il faut, pour que l'ascendant ait droit à la réserve, qu'il soit héritier. Ainsi, s'il existe des frères et sœurs du défunt et un grand-père, celui-ci, primé dans la succession *ab intestat* par les premiers, n'aura aucun droit; si les frères et sœurs renoncent, alors l'ascendant, arrivant comme héritier, prendra sa réserve; mais il peut se trouver des cas où la renonciation des frères et sœurs n'est pas un acte sérieux, lorsque, par exemple, le défunt laisse un légataire universel. En effet, à quoi renoncent, dans ce cas, les frères et sœurs; ils ne sont pas saisis, n'ont pas de droits, et cette renonciation n'est qu'une fraude ayant pour but de dépouiller le légataire d'une partie de la succession moyennant un arrangement entre les frères et l'ascendant. J'inclinerais à croire que la renonciation n'aura pas pour effet d'attribuer une réserve aux ascendants.

Les ascendants, dit l'art. 915, auront seuls droit à cette réserve, dans tous les cas où un partage en concurrence avec des collatéraux ne leur donnerait pas la quotité de biens à laquelle elle est fixée. Ainsi, s'il ne reste dans la succession qu'un quart des biens et qu'il n'y ait qu'un ascendant, celui-ci écartera les collatéraux; mais si le partage, fait suivant les règles des successions *ab intestat*, devait lui donner plus que sa réserve, il est sans aucun doute qu'il peut se présenter comme héritier ordinaire, au lieu de se présenter comme réservataire. La quotité disponible peut être donnée à qui que ce soit, même aux enfants ou autres successibles du donateur, sans être sujette au rapport dans ce cas, pourvu que la disposition ait été faite expressément à titre de préciput et hors part; art. 919. Cet article a eu pour but d'abroger la loi du 14 juillet 1789, qui ne permettait pas à un père de faire à un de ses enfants un avantage non rapportable, et maintenait entre les héritiers une égalité si absolue, que la quotité disponible ne pouvait être donnée qu'à des étrangers.

Nous verrons tout à l'heure comment se fait la réduction lorsque les dispositions excèdent la portion dont on peut disposer. Mais il est une règle spéciale au cas où l'on a donné un usufruit ou une rente viagère ; dans ce cas, si la valeur représentative excède la quotité disponible, les héritiers réservataires ont l'option ou d'exécuter la disposition ou de faire l'abandon de la propriété, de la quotité disponible. Ils changent ainsi la nature du droit donné, mais ce choix n'a évidemment lieu que lorsque l'usufruit ou la rente suppose un capital supérieur à la quotité disponible ; dans le cas contraire, il faut exécuter la disposition telle qu'elle a été faite. L'évaluation d'une rente viagère, d'un usufruit, est une chose difficile, peut-être le service de la rente sera-t-il onéreux pour les héritiers : ils peuvent choisir le parti qui leur convient. Il y a des cas, toutefois, où l'on sera dans la nécessité d'estimer cet usufruit ou cette rente viagère, et l'art. 1970 suppose cette estimation, lorsqu'il dit que la rente viagère est réductible, si elle excède ce dont il est permis de disposer. Cette estimation aura lieu lorsqu'il y aura concours de légataires, et que les legs excèderont la quotité disponible. Devant tous être réduits au marc le franc, il faut bien estimer la rente viagère pour savoir sur quelle base se fera la réduction. Il en sera également ainsi lorsqu'un donataire de rente viagère se trouvera en présence d'un donataire postérieur.

On ne peut disposer au-delà de la quotité disponible à titre gratuit ; mais la disposition à titre onéreux est libre, et les héritiers n'ont pas le droit de critiquer les contrats à titre onéreux passés avec le défunt. Il est cependant un cas où la loi établit une présomption de donation déguisée, c'est lorsqu'une aliénation à charge de rente viagère ou à fonds perdus ou avec réserve d'usufruit, a été faite à l'un des successibles en ligne directe ; ce successible ne serait pas admis à prouver que le contrat est à titre onéreux, qu'il a payé la valeur de son acquisition. La loi présume cet acte de plein droit comme étant fait à titre gratuit, le dispense du rapport et le soumet à la réduction si la valeur excède la quotité disponible. La loi de nivôse, an II, qui exigeait entre les héritiers une égalité parfaite, comprenant qu'on chercherait de toutes manières à éluder sa disposition, avait défendu entre parents les contrats qui servent le mieux à déguiser les avantages gratuits, et ce sont précisément ceux indiqués par notre article. Elle avait donc annulé ces contrats. Le Code, qui a permis la donation du disponible faite à l'un des enfants, n'a pas établi la même prohibition, mais il a vu là néanmoins une donation déguisée. Il y a, si l'acte est réellement à titre onéreux, un moyen pour le successible d'écarter la présomption de la loi, c'est de faire intervenir les autres successibles en ligne directe. En effet, leur présence à l'acte ou leur consentement prouve qu'il n'y a rien eu de déguisé; mais suffit-il, pour que la présomption n'existe pas, qu'il y ait eu intervention du parent en ligne directe le plus proche au moment de l'acte, ou bien les successibles qui n'existaient pas à ce moment et qui existent au décès pourront-ils critiquer ce qui a été fait? La loi de nivôse ne demandait que l'intervention du parent le plus proche, et je crois qu'il doit encore en être ainsi aujourd'hui; il serait dur pour celui qui a fait tout ce qui lui était possible pour écarter une présomption de la loi, de se la voir encore appliquer.

De la réduction.

Puisque l'on mettait une limite à la faculté de disposer, il fallait, pour que le vœu de la loi ne fût pas éludé, établir une sanction; aussi la trouvons-nous dans l'action en réduction des libéralités excessives. La réduction est le droit qu'ont les réservataires de conserver exclusivement la portion de biens qui leur est accordée, ou de reprendre cette portion aux donataires qui ont reçu au-delà de la quotité disponible. Les dispositions, dit l'article 920, soit entre vifs, soit à cause de mort, qui excèderont la quotité disponible, seront réductibles à cette quotité lors de l'ouverture de la succession. Ce n'est qu'au décès que l'on peut savoir à quel chiffre la quotité disponible doit être fixée ; c'est donc pour les héritiers un droit qui est propre, qui naît en leur personne, que celui de faire réduire les libéralités excessives ; c'est au moment de la mort que l'on se place pour voir quel est le nombre et la qualité des héritiers, quelle est la fortune du disposant ; celui-ci, ne pouvant pas savoir de son vivant quels seront les éléments qui détermineront sa quotité disponible, ne peut donc pas agir.

A qui appartient l'action en réduction. L'article 921, répondant à cette question, nous apprend que la réduction ne peut être demandée que par ceux au profit desquels la loi établit la réserve, par leurs héritiers ou ayant-cause. Les donataires, les légataires, ni les créanciers du défunt ne pourront demander cette réduction ni en profiter. L'article 921 ne parle que de la réduction des dispositions entre vifs, et si l'on s'en tenait à sa lettre, il semblerait qu'aux cas où le défunt a épuisé en legs sa succession entière, les héritiers réservataires ne pourraient demander la réduction de ces legs. Si l'article 921 ne parle que des dispositions entre vifs, c'est qu'il a voulu établir une différence entre les héritiers et les créanciers du défunt. Ceux-ci ne profitent jamais de la réduction des donations, tandis qu'il est bien certain qu'ils écarteront les légataires si les biens ne suffisent pas pour remplir leurs créances, et ce résultat est étranger aux règles de la réduction. C'est une conséquence de cette maxime : *Non bona intelliguntur nisi deducto re alieno.*

Nous avons vu quels étaient ces héritiers réservataires ; ils peuvent demander la réduction quand bien même ils accepteraient la succession purement et simplement, et l'on ne peut pas venir dire qu'étant tenus de toutes les obligations du défunt, ils ne peuvent pas faire ce que le défunt ne pouvait pas faire. Ils ont un droit qui n'appartenait pas à leur auteur. Les héritiers et ayants-cause soit à titre universel, soit à titre particulier, des réservataires, peuvent également demander la réduction. L'art. 1166 nous dit que les créanciers peuvent exercer tous les droits et actions de leurs débiteurs, et le droit de réduction n'est pas exclusivement attaché à la personne.

Les donataires ni les légataires ne peuvent demander la réduction ou en profiter, et cela est bien naturel; car la loi nous disant que cette réduction n'est accordée qu'aux réservataires, et les donataires ou légataires ne l'étant pas, les libéralités du défunt ne peuvent pas être critiquées. Si un héritier veut changer l'ordre de réduction et s'attaquer à la première donation avant de s'en prendre à la seconde, il est clair que le donataire pourra se défendre, mais ce n'est pas là demander une réduction, mais simplement invoquer la disposition de la loi qui déclare que la seconde donation doit être réduite avant la première.

Les créanciers du défunt ne peuvent non plus ni demander la réduction, ni en profiter; mais quelques distinctions sont nécessaires. Si l'héritier a accepté purement et simplement, comme les créanciers du défunt sont devenus ses créanciers personnels, ils peuvent alors agir comme ces derniers, en vertu de l'art. 1166. Il faut donc, pour que les créanciers du défunt n'aient pas droit à la réduction, que les deux patrimoines soient restés séparés, que l'héritier ait accepté sous bénéfice d'inventaire. Dans ce cas, il pourra se faire que les créanciers de la succession ne soient pas payés intégralement et que cependant l'héritier obtienne par la réduction des donations sa réserve intacte, et l'on comprend pourquoi les créanciers du défunt ne peuvent demander la réduction des dispositions entre vifs. Leur qualité de créancier n'empêchait pas le défunt, leur débiteur, d'aliéner leur gage, soit à titre onéreux, soit titre gratuit. Par conséquent, les biens sur lesquels le réservataire prendra sa réserve, sont sortis du patrimoine de leur débiteur. Si ces créanciers sont antérieurs à la donation, ils pourront bien la faire révoquer comme faite en fraude de leurs droits, conformément à l'art. 1167, mais ils n'ont que ce droit.

Comment se forme la masse sur laquelle se calcule la quotité disponible? Il faut comprendre tous les biens existants au décès du donateur ou du testateur; secondement, tous les biens dont il a été disposé par donations entre vifs, d'après leur état à l'époque des donations et leur valeur au temps du décès du donateur, on calcule sur tous ces biens, après en avoir déduit les dettes, quelle est, eu égard au nombre ou à la qualité des héritiers qu'il laisse, la quotité dont il a pu disposer; il n'est pas vrai de dire que l'on doive déduire les dettes sur la masse des biens laissés et celle des biens donnés. Cette manière d'opérer n'aura aucun inconvénient lorsque les biens laissés surpasseront les dettes; mais, lorsque le contraire aura lieu, il pourrait arriver deux choses, si l'on suivait le mode indiqué par l'art. 922. En effet, si la déduction opérée sur les deux masses était réelle, les créanciers profiteraient de la réduction; si, au contraire, cette déduction n'était que fictive, il y aurait à agir ainsi un grand désavantage pour le donataire; car la quotité disponible ne serait plus, dans ce cas, calculée seulement sur le montant de la donation, elle ne le serait que sur une partie. Ainsi, lorsque les biens laissés ne suffisent pas à l'acquittement des dettes, on ne calcule la quotité disponible que sur les donations, et l'on déduit les dettes avant de faire la réunion fictive dont parle l'art. 922.

Il faut faire entrer dans la masse des biens existants au décès, tout ce dont le défunt était propriétaire au moment de sa mort. Les créances qu'il avait contre l'héritier et qui sont éteintes par confusion, doivent y être comprises : *Confusio non extinguit obligationem, sed potius eximit personam ab obligatione.* Quant aux créances dont les débiteurs sont insolvables, il faut ne les faire entrer dans la masse que pour leur valeur réelle : *Cujus debitor solvendo non est tantum habet in bonis quantum exigere potest.* (*Digeste, ad legem falcidiam, loi* 63). Quant à ce qui est dû sous condition, on peut le compter immédiatement dans la masse ou bien ne pas le compter du tout, sauf, dans ces différents cas, au légataire ou à l'héritier, à donner caution pour ce qu'il peut y avoir à restituer. L'estimation des biens laissés se fait suivant leur état et leur valeur au moment de la mort. Quant aux biens donnés, il faut les comprendre dans la masse et y comprendre même ceux qui ont été donnés à l'un des réservataires. Si le bien donné à l'héritier réservataire l'a été par préciput, ce don s'impute sur la quotité disponible; s'il a été donné sans préciput, ce don s'impute sur la réserve, et la quotité disponible est restée entièrement libre entre les mains du donateur. Ainsi, elle se calculera sur tous les biens, ceux qui sont rapportés comme sur les autres. Mais, dit-on à cela, le légataire ne peut pas profiter du rapport, et on déroge à cette règle en calculant de cette manière. Il est vrai que le légataire ne peut pas profiter du rapport (857); cet article veut dire que le légataire ne peut se faire payer sur les biens rapportés. Or, le légataire, nous le supposons, ne prétend rien de pareil. Il veut seulement faire fixer la quotité disponible d'après le mode indiqué par l'art. 922, au siége de la matière.

Il faut réunir les biens donnés, d'après leur état à l'époque des donations et leur valeur au temps du décès du donateur; on verra ainsi quelles sont les augmentations dont il faut tenir compte aux donataires, qui sont provenues de leur fait, quelles sont les diminutions dont ils peuvent être responsables; mais les augmentations ou diminutions survenues par cas fortuits, ne profitent ni ne nuisent au donataire. On estime le bien comme s'il n'était jamais sorti du patrimoine du défunt : cette règle s'applique tant aux choses mobilières qu'aux choses immobilières, et c'est là une différence avec la donation de meubles sujette au rapport. Suivant l'art. 868, le rapport se fait sur le pied de la valeur du mobilier, lors de la donation. Dans l'intervalle du décès à la réduction, les pertes ou augmentations n'ont pas pour effet de diminuer ou augmenter la quotité disponible, celle-ci reste invariablement fixée suivant la valeur des biens au moment du décès.

Dans quel ordre s'exerce la réduction. Il n'y a lieu à réduire les donations entre vifs qu'après avoir épuisé la valeur de tous les biens compris dans les dispositions testamentaires. Ainsi, les premières dispositions réduites sont les legs, et la réduction se fait au marc le franc, sans aucune distinction entre les legs universels et les legs particuliers. En effet, quelle que soit la date du testament, tous les legs ont leur effet au même moment, celui de la mort, et l'on comprend qu'ils doivent être réduits également. Dans notre ancien droit il n'en était pas tout-à-fait ainsi. Lorsque tous les legs étaient de même nature, ils étaient bien réduits au marc le franc; mais, lorsqu'il se trouvait en même temps des legs particuliers et des legs universels, ces derniers étaient réduits avant les premiers. Il en est autrement dans l'état actuel du droit, mais le testateur peut déclarer expressément qu'il entend que tel legs soit acquitté de préférence aux autres; ce legs ne sera réduit qu'autant que la valeur des autres ne remplirait pas la réserve légale. Il faut que l'intention soit expressément déclarée. Lorsque la valeur des dispositions entre vifs excède ou égale la quotité disponible, les dispositions testamentaires sont caduques. Lorsque les dispositions entre vifs sont réductibles, cette réduction se fait en commençant par la dernière donation, et ainsi de suite en remontant des dernières aux plus anciennes. Cette règle découle de l'irrévocabilité des donations. En effet, si l'on eût permis que la réduction se fît proportionnellement, il eût été bien facile au donateur d'anéantir en partie une première libéralité; la donation transférant un droit au moment où elle se fait, transmet un droit plein et entier. S'il ne dépasse pas les limites de la quotité disponible, il ne peut pas être diminué par un droit postérieur qui excède cette même quotité; ainsi l'héritier prendra sa réserve d'abord sur la dernière libéralité et remontera des unes aux autres. Il peut arriver que le dernier donataire dont la libéralité suffit pour remplir la réserve, ait dissipé les biens donnés et soit insolvable; qui souffrira de cette insolvabilité? est-ce le donataire antérieur, est-ce l'héritier? la question était très controversée dans l'ancien droit. Lebrun pensait que les donataires antérieurs devraient parfaire la réserve de l'héritier. Pothier, au contraire, pensait qu'il ne fallait pas compter cette donation dans le calcul destiné à fixer la quotité disponible; qu'il fallait opérer comme si les biens donnés à ce donataire insolvable avaient été perdus ou dissipés par le défunt lui-même, et ainsi, il arrivait à faire supporter les charges de l'insolvabilité, partie par le donataire antérieur, partie par l'héritier. Cette décision nous semble devoir encore être suivie. Il est bien entendu que si le donataire insolvable acquiert de nouveaux biens, l'héritier et le donataire antérieur pourront le poursuivre pour le préjudice que leur a causé son insolvabilité.

La réduction ne se fait pas toujours en nature; d'après l'art. 924, si la donation réductible a été faite à l'un des successibles, celui-ci pourra retenir sur les biens donnés la valeur de la portion qui lui appartiendrait comme héritier dans les biens non disponibles, s'ils sont de la même nature. Le Code suppose que la donation est faite par préciput, puisqu'il la suppose réductible. S'il en était autrement, en effet, elle serait rapportable, et la réduction et le rapport sont deux choses qui s'excluent. On a argumenté de cet article pour décider que l'héritier renonçant pouvait retenir sur les biens donnés le montant de la quotité disponible et de sa part dans la réserve. Cela revient à dire que l'héritier renonçant a droit à la réserve, question que nous avons déjà discutée. On peut ajouter qu'il serait assez singulier que le renonçant ne pût retenir la réserve que lorsqu'il existe dans la succession des biens de même nature. Il vaut mieux, je crois, entendre l'art. 924 de la manière suivante : le successible donataire par préciput a déjà dans ses mains la valeur qui lui revient comme héritier. Il est peut-être attaché à ces biens, aussi la loi lui permet-elle de les conserver. La même chose a lieu en cas de rapport, art. 859. Notre article ne fait pas double emploi avec l'article 866, il y déroge, au contraire. L'art. 866 suppose le cas où le bien donné n'est pas facilement partageable. Ici, au contraire, partage peut se faire commodément, mais le réservataire peut retenir.

Nous arrivons aux effets de la réduction. C'est une condition résolutoire légale qui anéantit le droit du donataire et fait rentrer l'immeuble dans la succession franc et quitte de toutes charges et hypothèques consenties par le donataire. Comme le débiteur sous condition résolutoire, le donataire garde les fruits perçus par lui jusqu'au décès. A partir du décès, il doit restituer les fruits de ce qui excède la portion disponible si la demande en réduction a été faite dans l'année, sinon il ne les doit que du jour de la demande. C'eût été causer au donataire un trop grand préjudice que de l'astreindre à conserver les fruits pendant long-temps peut-être, et lorsque la demande n'est faite qu'après l'année, les fruits sont accordés comme une compensation du tort que peut avoir causé l'incertitude. La loi ne parle que des fruits et pas des intérêts des sommes sujettes à la réduction. Il faut, pour eux, suivre le principe de l'article 1153, et dire que les intérêts ne sont dus qu'à partir de la demande, même lorsqu'elle serait faite dans l'année du décès.

Lorsque les biens se trouvent entre les mains des donataires, la réduction a lieu en nature. Mais si les biens donnés ont été aliénés par le donataire, l'action en réduction est-elle réelle, c'est à dire peut-elle être exercée contre les tiers détenteurs? L'art. 930 répond affirmativement à cette question. Cependant, dans l'intérêt de la circulation des biens, il apporte un tempérament; les biens du donataire doivent être préalablement discutés, et s'ils suffisent pour remplir la valeur nécessaire pour parfaire la réserve, les tiers détenteurs sont à l'abri de toute action. Il n'est pas douteux que, pour garder le bien acquis, le tiers détenteur ne pût lui-même offrir cette valeur. Ce que pourrait faire son auteur, il peut le faire lui-même. Dans le cas où le donataire serait insolvable et où le tiers détenteur ne pourrait offrir la valeur de la portion qui excède la quotité disponible, l'action en réduction produirait ses effets et la propriété serait résolue. Lorsque plusieurs biens ont été donnés à différentes personnes et que toutes les ont aliénés, l'action en réduction contre les divers tiers détenteurs s'exerce dans le même ordre que contre les donataires eux-mêmes, c'est-à-dire suivant l'ordre des donations. Lorsque le même donataire a fait plusieurs aliénations partielles d'un même bien donné, alors on suit l'ordre des dates des aliénations en commençant par la plus récente.

L'action en réduction peut se prescrire comme toute autre action. Si les biens soumis à la réduction restent chez le donataire, comme c'est là une obligation de restituer, la prescription n'a lieu que par trente ans, qui commencent à courir à partir du décès du donateur; si les biens ont été aliénés, le tiers détenteur pourra, suivant les cas, prescrire par dix ou vingt ans, qui ne commenceront, du reste, à courir qu'à partir du décès. On comprend que l'on ne puisse prescrire contre un droit qui n'est pas né, et l'action en réduction ne naît qu'au moment de la mort.

QUESTIONS.

Le donataire peut-il, en renonçant à la donation, se dispenser d'exécuter les charges? — Non.

La donation déguisée sous la forme d'un contrat à titre onéreux, faite à une personne capable, est-elle valable? — Oui.

L'enfant renonçant a-t-il droit à la réserve? — Non.

Doit-il être compté pour le calcul de la réserve? — Non.

L'enfant naturel a-t-il droit à une réserve? — Oui.

La quotité disponible entre époux est-elle invariablement fixée par l'art. 1094? — Non.

En présence d'un légataire universel, l'ascendant appelé en ordre de succéder par la renonciation des frères et sœurs, a-t-il droit à la réserve? — Non.

Sur qui retombe le fardeau de l'insolvabilité du donataire atteint par la réduction? — Partie sur le donataire antérieur, partie sur le réservataire.

Faut-il comprendre dans le calcul de la quotité disponible les biens donnés à l'un des héritiers réservataires, nonobstant l'article 857? — Oui.

www.ingramcontent.com/pod-product-compliance
Lightning Source LLC
LaVergne TN
LVHW020253230826
846091LV00006B/2385

9782011344793